SÉRIE
JEITO DE ARTISTA

O menino barulhento

ELIANA POUGY

Ilustrações: Sonia Esplugas

1ª edição
São Paulo, 2012

Moderna

Moderna

COORDENAÇÃO EDITORIAL Lisabeth Bansi
ASSISTÊNCIA EDITORIAL Paula Coelho
COORDENAÇÃO EDIÇÃO DE ARTE Camila Fiorenza
PROJETO GRÁFICO Camila Fiorenza
DIAGRAMAÇÃO Vitória Sousa
ILUSTRAÇÕES Sonia Esplugas
PESQUISA ICONOGRÁFICA Carol Böck, Vanessa Volk
COORDENAÇÃO DE REVISÃO Elaine Cristina del Nero
REVISÃO Sandra Garcia Cortés
COORDENAÇÃO DE BUREAU Américo Jesus
PRÉ-IMPRESSÃO Helio P. de Souza Filho, Marcio Hideyuki Kamoto
COORDENAÇÃO DE PRODUÇÃO INDUSTRIAL Wilson Aparecido Troque
IMPRESSÃO E ACABAMENTO Corprint Gráfica e Editora Ltda.

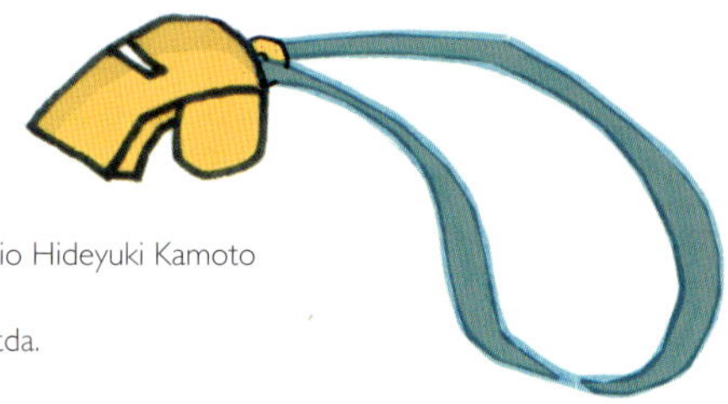

Dedico essa coleção de livros para todas as crianças-artistas do mundo,
em especial para a Mariana, para a Luiza e para a Flora.

Dados Internacionais de Catalogação na Publicação (CIP)
(Câmara Brasileira do Livro, SP, Brasil)

Pougy, Eliana
O menino barulhento / Eliana Pougy ;
ilustrações Sonia Esplugas. — 1. ed. —
São Paulo : Moderna, 2012. — (Série jeito de artista)

ISBN 978-85-16-08131-7

1. Literatura infantojuvenil I. Esplugas, Sonia.
II. Título. III. Série.

12-02451 CDD-028.5

Índices para catálogo sistemático:
1. Literatura infantil 028.5
2. Literatura infantojuvenil 028.5

EDITORA MODERNA LTDA.
Rua Padre Adelino, 758 – Belenzinho
São Paulo – SP – Brasil – CEP 03303-904
Vendas e Atendimento: Tel. (0 11) 2790-1300
Fax (0 11) 2790-1501
www.modernaliteratura.com.br
2012

De acordo com as novas normas ortográficas

Era uma vez um menino barulhento!

Ele adorava fazer sons com a boca.

Com os dedos.

Com as mãos.

E com os pés.

Quando ele ouvia música, então, era uma enorme agitação!

A mesa da cozinha virava uma bateria.

Seu peito, um tambor.

Sua boca, uma flauta! Depois, uma guitarra! Depois, uma cuíca!

O menino também gostava de prestar atenção
e ouvir o som
dos bichos,
das águas,
das coisas,
das pessoas!

E depois, imitava tudo o que ouvia!

Ele se deliciava enquanto ouvia música
na TV,
no rádio,
nas festas,
nos teatros!

Um dia, ele foi para a escola. Afinal, já era um mocinho!

Ele entrou na sala de aula e a professora disse: esse é o seu lugar.

Tudo estava bem até que sua boca começou a fazer barulho!

Depois, seus dedos começaram a fazer barulho!

Depois, seus pés começaram a fazer barulho!

Então, outras crianças barulhentas começaram a fazer barulho: estalaram os dedos, bateram na mesa, assobiaram... Foi aquela sinfonia!

Até que os outros pediram: **fiquem quietas, crianças!**

E as crianças barulhentas foram ficando tristes, tristes... Elas queriam ser de outro jeito, mas não conseguiam!

Então, a professora, uma mulher muito esperta, começou a matutar... O que fazer?

E teve uma grande ideia! Feliz, ela perguntou:

Quem gosta de ouvir música? Quem gosta de fazer sons com o corpo? Quem gosta de tocar instrumentos musicais? Quem gosta de cantar?

E foi uma alegria só! Todos ouviram música, fizeram sons com o corpo, tocaram instrumentos musicais e cantaram! Foi muito divertido!

A partir daquele dia, a professora sempre ouvia e fazia música com seus alunos!

E as crianças nunca mais se sentiram mal por serem assim, barulhentas.

Com o passar do tempo, todos ouviram muita música, aprenderam as notas musicais, tocaram vários instrumentos e cantaram como passarinhos!

Agora que eles cresceram, alguns espalham suas vozes pelo ar e fazem todos suspirarem...

Tocam os mais diversos instrumentos e produzem sons encantadores...

Movimentam suas mãos e regem as mais belas músicas...

Sabe por quê?

Porque eles têm um jeito de artista!!!

E como era o jeito dos músicos quando eram crianças?

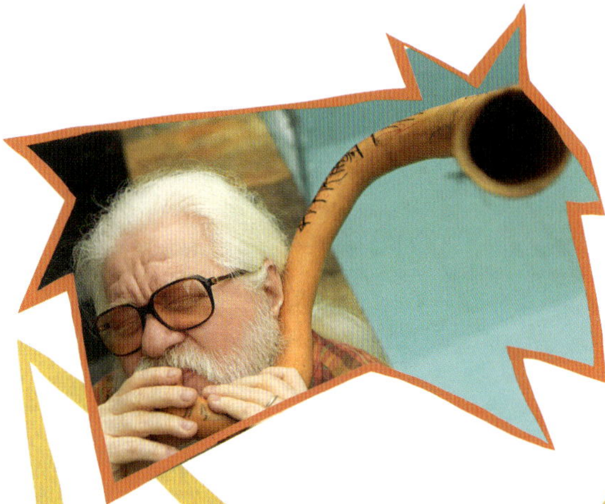

HERMETO PASCOAL

Nasceu em Olho d'Água (AL), em 22 de junho de 1936. Considerado um dos compositores mais inventivos do mundo, sua produção é intensa: ele compõe uma música por dia! Já realizou inúmeros shows pelo Brasil e pelo mundo.

"Aos 7 anos de idade descobri que a nossa fala é o nosso canto. O mais natural de todos, pois cada fala é uma melodia. Eu costumava dizer para minha mãe que ela e suas amigas estavam cantando quando conversavam, mas ela dizia: 'Deixe disso, menino! Você está ficando louco?'".

Depoimento de Hermeto Pascoal redigido por Aline Morena em 4 mar. 2009. Retirado do *site*: http://www.hermetopascoal.com.br/musicas.asp (acessado em: 27 jan. 2012)

FERNANDO BARBOSA

Também conhecido por Fernando Barba, é o fundador do Grupo Barbatuques. O show desse grupo envolve uma interação de linguagens cênicas e visuais, com projeções de imagens e movimentações coreográficas, tendo como eixo central a música corporal.

"Eu acho que sou um pouco hiperativo. Agora estou mais calmo, mas, quando eu era criança, a percussão corporal era uma forma de canalizar minha energia. Eu tinha uma agitação mental muito grande. [...] A criança que não tem acesso aos instrumentos musicais vê que pode se valorizar só pelo que já tem no corpo, com o que ela faz sozinha, o ritmo, a música. Tem um lado de autoestima e um lado de valorização da individualidade. É o som de cada um."

Retirado da entrevista **Percussão corporal desenvolve coordenação e ativa circulação**, realizada por Marcos D'Ávilla. *Folha de S.Paulo*, 9 set. 2004.

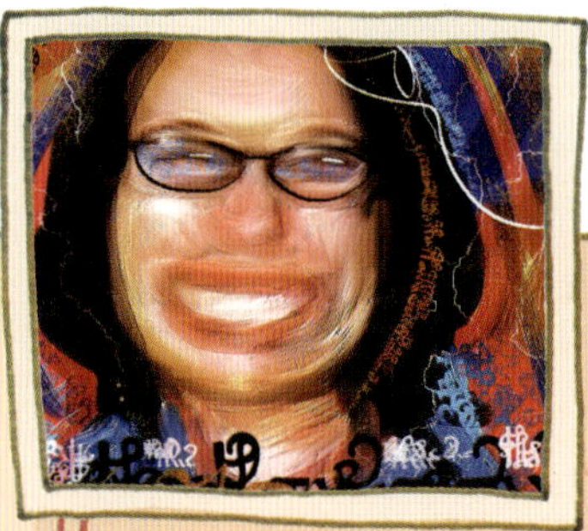

© Lois Lancaster

ELIANA POUGY

Olá! Meu nome é Eliana Pougy. Essa história que você leu eu inventei pensando em você e em mim! Como toda criança, gostava muito de brincar, mas adorava desenhar, pintar, colar... Passava horas imaginando cenas para depois desenhá-las nas folhas de papel, no chão do quintal, na mesa de fórmica da cozinha... Eu também adorava inventar histórias e, depois que aprendi a escrever, comecei a registrá-las em meu caderno.

Por isso, quando cresci, me tornei ilustradora e, mais tarde, escritora.

Também sou arte-educadora: amo mostrar para os outros, crianças e adultos, a importância e a magia da arte!

© Arquivo pessoal

SONIA ESPLUGAS

Olá, meu nome é Sonia Esplugas. Nasci em Barcelona, em 1977, mas vivo em Buenos Aires desde 2003.

Sou uma menina rabiscadeira. Minhas ilustrações têm viajado o mundo todo dentro de livros como este que você está lendo agora. Também sou irrequieta, adoro dançar, mas ficar sentada é algo que eu não gosto! Assim como Eliana, eu gosto muito de dar aulas, mas, no meu caso, aulas de pintura. Meus alunos costumam dizer que sou um pouco exagerada e, algumas vezes, barulhenta, mas eu me considero, acima de tudo, uma pessoa muito curiosa. E sabem por quê? Porque tenho um Jeito de Artista...